BEI GRIN MACHT SICH IHR WISSEN BEZAHLT

AF130072

- Wir veröffentlichen Ihre Hausarbeit, Bachelor- und Masterarbeit

- Ihr eigenes eBook und Buch - weltweit in allen wichtigen Shops

- Verdienen Sie an jedem Verkauf

Jetzt bei www.GRIN.com hochladen und kostenlos publizieren

Bibliografische Information der Deutschen Nationalbibliothek:

Die Deutsche Bibliothek verzeichnet diese Publikation in der Deutschen National-
bibliografie; detaillierte bibliografische Daten sind im Internet über http://dnb.d-
nb.de/ abrufbar.

Impressum:

Copyright © 2018 GRIN Verlag
Druck und Bindung: Books on Demand GmbH, Norderstedt Germany
ISBN: 9783668849389

Dieses Buch bei GRIN:

https://www.grin.com/document/452004

Anonym

Grundlagen des Sport- und Vereinsrechts. Haftung, Arbeitsrecht und steuerliche Aspekte

GRIN Verlag

Deutsche Hochschule für

Prävention und Gesundheitsmanagement

Hermann Neuberger Sportschule 3

66123 Saarbrücken

Einsendeaufgabe

Fachmodul: Sport – und Vereinsrecht

Studiengang: Sportökonomie

Datum
Präsenzphase: 10.09. - 12.09.2018

Studienort: **München**

Semester: **WiSe 2016**

Inhaltsverzeichnis

1 Grundlagen Sport- und Vereinsrecht

1.1 Beurteilung wirtschaftlicher Verein anhand Struktur, Organigramm und Satzung

Die Satzung des RasenBallsport Leipzig e.V. zeigt auf, dass die Mitgliederversammlung aus sieben bis elf stimmberechtigten Mitgliedern besteht, die das alleinige aktive und passive Wahlrecht über die drei Mitglieder des Ehrenrates besitzen. Sowohl der komplette Ehrenrat als auch der Vorstand vom RB Leipzig e.V. stehen bei der Red Bull GmbH unter Vertrag. Somit werden der Ehrenrat und der Vorstand möglicherweise immer zum Vorteil der Red Bull GmbH entscheiden und darüber hinaus auch noch versuchen, die Produkte über den Verein zu vermarkten oder das Image des Unternehmens zu verbessern. Durch eine mögliche Vermarktung von ihren Produkten wäre der Verein einem wirtschaftlichen Verein zuzuordnen und dürfte nicht in dem Vereinsregister eingetragen werden (Reichert, 2016). Denn ein wirtschaftlicher Verein ist laut § 22 BGB ein Verein, dessen Zweck nach einem Geschäftsbetrieb gerichtet ist. Nur die operative Ebene und der Funktionsstab der Operativen Ebene gehören nicht direkt zur Red Bull GmbH. Die Rechte der Mitgliederversammlung können zwar eingeschränkt werden, aber eine Abschaffung der Mitgliederversammlung ist nicht möglich. Abschließend deuten die Struktur, die Organisation und die Satzung des Vereins auf keinen idealtypischen Verein, welcher nach § 21 BGB keinen wirtschaftlichen Zweck verfolgt

.

1.2 Beurteilung wirtschaftlicher Verein anhand GuV

Nun erfolgt eine Analyse der GuV, welche die Erträge und Aufwendungen des Vereins im Jahr 2012/2013 auflistet. Es wurde zweimal in Folge ein negatives Geschäftsergebnis erzielt. Insbesondere sind die Aufwendungen für Transfers von der 3. Liga in die 2. Liga von 140.000 auf 1.793.000 und die Erträge aus Transfers von 233.000 auf 2.235.000 drastisch angestiegen. Die Haupteinnahmen werden aus den Posten Werbung, mediale Verwertung und dem Spielertrag generiert. Ein idealtypischer Verein finanziert sich im Vergleich vor allem durch die Einnahmen aus Mitgliedsbeiträgen. Die Marketingziele der Red Bull GmbH könnten hierbei eine Rolle spielen. Des Weiteren hat sich der Merchandisingertrag von der 3. Liga in die 2. Liga um mehr als die Hälfte reduziert. Da der Fußball in der höheren Liga lukrativer ist, sollten die Einnahmen im Merchandising ansteigen. Außerdem sind bei einem idealtypischen Verein ehrenamtliche Mitglieder vermehrt im Einsatz, welche durch ihre Bereitschaft die Kosten im Bereich Personal für den Verein reduzieren. Bei RB Leipzig fallen hingegen aufsteigende Aufwendungen an. Insgesamt kann anhand der GuV vom RB Leipzig e.v. von einem wirtschaftlichen Verein ausgegangen werden.

1.3 Beurteilung wirtschaftlicher Verein anhand Schreibweise, Logo, Sponsoring und Homepage

Betrachtet man die Schreibweise wird auffällig, dass RasenBallsport Leipzig e.v. ein markennaher Name zur Red Bull GmbH ist. Vor allem die gängige Kurzform RB Leipzig wird sofort in Verbindung mit dem Getränkehersteller gebracht und sorgt dadurch zur Verwechslungsgefahr. Der Name „Red Bull Leipzig" ist viel geläufiger als „RasenBallsport Leipzig" und wirbt somit indirekt für den Sponsor. Des Weiteren sind die Buchstaben „R" und „B" sowohl beim Verein als auch bei der GmbH großgeschrieben, was Parallelen zum Sponsornamen aufzeigt. Hierdurch ist kaum klar ob der Fußball oder die Red Bull GmbH im Mittelpunkt steht. Auf dem Logo sind zwei rote Bullen auf einem gelben Hintergrund zu sehen, die in Richtung eines Fußballs springen und darüber stehen die Buchstaben „R" und B". Die Red Bull GmbH benutzt führ ihres dieselben Farben und ähnliche Motive, sodass eine Verbindung zum Sponsor hergestellt werden kann. Da eine zu starke Ähnlichkeit bestand, fand eine Abänderung des Logos zur Saison 2015/2016 statt, damit der Verein eine Lizenz für die zweite Liga erhält (Weiß, 2016). Wenn man das Sponsoring betrachtet, wird anhand der Trikots aus dem Jahr 2014 vom RasenBallsport Leipzig e.V. klar wer im Fokus stehen soll. Das Logo der Red Bull GmbH, welches als Brustsponsor dient, ist mittig und mächtig auf dem Trikot gedruckt. Üblich sind kleine Aufdrucke auf den Trikots von den Sponsoren. Des Weiteren ist der Unternehmensname gleichzeitig auch der Stadionname und die Bandenwerbung mit dem Logo des Unternehmens versehen. Darüber hinaus wird sowohl in den Stadionräumlichkeiten als auch bei Pressekonferenzen der Energy-Drink „Red Bull" angeboten. Die Red Bull GmbH ist somit Haupt- und Trikotsponsor, sowie Ausstatter. Zuletzt sind die Homepages von dem Fußballverein und der Red Bull GmbH zu betrachten. Beide Seiten sind grafisch gleich gegliedert. Die Vereinsfarben des RB Leipzig e.V. Gelb, Rot, Blau und Weiß dominieren und somit auch der Red Bull GmbH. Die Seiten sind identisch mit großen Bildern versehen, die dann zu weiteren Themen führen. Auch bezüglich einer angestrebten Karriere im Verein werden ähnliche Slogans verwendet. Der RB Leipzig wirbt mit „Verleihen Sie Ihrer Karriere Flügel." (Scholz, 2018). Red Bull ködert mit einem gleichartigen Spruch „Red Bull verleiht Flügel." (Red Bull, 2018). Abschließend deuten beim RB Leipzig e.V. die Schreibweise, das Logo, das Sponsoring und die Homepage auf einen wirtschaftlichen Verein hin.

1.4 Konsequenzen

Nun werden die Konsequenzen erläutert, die sich aus der Aberkennung der Gemeinnützigkeit für den Verein ergeben würden. Laut § 55 AO ist die Selbstlosigkeit eine Nebenbedingung für die Voraussetzung einer Steuerbegünstigung. Die wäre in diesem Fall nicht gegeben, wenn eigenwirtschaftliche Zwecke verfolgt werden. Es bestehen vier Sphären in die ein gemeinnütziger Verein unterteilt wird. Da in der ideellen Sphäre die Einnahmen sowohl von der Körperschaftssteuer- als auch von der Gewerbesteuerpflicht befreit sind (Jäck, 2012, S. 351) drohen dort keine steuerrechtlichen Folgen. In der zweiten Sphäre der Vermögensverwaltung müsste RB Leipzig die Ertragssteuern für alle Einnahmen zahlen, diese fallen bei einem nichtwirtschaftlichen Verein nicht an (Dehesselles & Bragrock, 2012, S. 47 f.). Demnach müsste RB Leipzig laut § 23 Abs. 1 KStG 15% Körperschaftssteuer auf die zu versteuernden Einkünfte zahlen. Ein enormer Schaden würde sich im wirtschaftlichen Geschäftsbetrieb ergeben. RB Leipzig müsste in dieser Sphäre rückwirkend alle bisherigen Gewinne mit dem bereits erwähnten Steuersatz versteuern. Zuvor konnten Gewinne bis zu 35.000 Euro Bruttojahresbetrag sowohl von der Körperschaftssteuer als auch von der Gewerbesteuer befreit werden (Dehesselles & Bragrock, 2012, S. 49 f.). Da im Zweckbetrieb alle Gewinne in dem Tätigkeitsbereich von der Körperschaftssteuer sowie der Gewerbesteuer befreit wären (Jäck, 2012, S. 352) müssten alle Gewinne versteuert werden. Bei einem wirtschaftlichen Verein fallen 19 Prozent auf die Steuerzahlungen an.

1.5 Zusammenfassung

Zusammenfassend sprechen viele Aspekte für einen wirtschaftlichen und keinen ideellen Verein. Vor allem weil der Ehrenrat und der Vorstand bei der Red Bull GmbH unter Vertrag stehen, wird der RB Leipzig faktisch von Red Bull kontrolliert. Durch diese Besetzung kann der Getränkehersteller indirekt den Verein steuern und finanzielle Absichten durchsetzen. Folge davon könnte ein Imageschaden der Marke sein, da viele Menschen einen Traditionsclub von einem Wirtschaftlichen vorziehen.

1.6 Strukturelle Veränderung des Rasenballsport Leipzig e.V.

Bei einer außerordentlichen Mitgliederversammlung im Jahr 2014, stimmten die 14 Mitglieder des Vereins einstimmig für eine Ausgliederung der Profimannschaft bis zur U-16 in eine Spielbetriebs-GmbH (Hennig, 2014). Außerdem waren noch 40 Fördermitglieder anwesend, die jedoch kein Stimmrecht besaßen und nur an der Versammlung teilnehmen durften (Hennig, 2014).

Der Aufsichtsrat wurde durch ein weiteres externes Mitglied aufgestockt, welcher Geschäftsführer eines mittelständischen Unternehmens und Fan des RB Leipzig ist (Kroemer, 2015). Somit wurde nur zum Teil die Struktur verändert, sodass es jetzt vier Aufsichtsratsmitglieder gibt. Fans können in Bronze, Silber und Gold unterteilte Mitgliedschaften ohne Stimmrecht erwerben (Kroemer, 2015), diese unterliegen weiterhin der Mitgliederversammlung und dem Aufsichtsrat. Gründe für die Ausgliederung waren unter anderem eine professionelle Aufstellung des Vereins (Grimm, 2014), damit man konkurrenzfähig bleibt und eine Forderung der Deutschen Fußball-Liga (Hennig, 2014). Eine Anzweiflung der Gemeinnützigkeit von RB Leipzig durch das Finanzamt und das Amtsgericht hätte drastische finanzielle Folgen nach sich ziehen können (Hennig, 2014). Zuletzt spielten strategische Gründe für eine Ausgliederung, wie die Bindung strategischer Partner und die Öffnung für Neuinvestoren (Hennig, 2014). Durch die Beteiligungen der Investoren hat der Verein einen deutlich größeren finanziellen Gestaltungsspielraum. Als Kapitalgesellschaft ist der Verein nun für andere Geldgeber und strategische Partner attraktiv. Zuletzt waren bereits die Fahrzeughersteller Porsche und Volkswagen bei dem derzeit bestplatzierten ostdeutschen Fußballverein als Sponsoren eingestiegen

2 Haftung im Sport

2.1 Haftung – Teil 1

Prüfschema nach § 280 BGB

a) Schuldverhältnis → Zuschauervertrag liegt vor, daher (+)

b) Pflichtverletzung→Auffangnetze nicht/nur noch gelegentlich kontrolliert durch den hauptamtlichen Vertreter des Vereins (+)

c) Vertreten müssen→ (§ 280 I BGB): § 276 BGB kein Vorsatz, daher (-), da nicht willentlich und wissentlich; dennoch fahrlässig (+), da das Netz nur noch gelegentlich kontrolliert wurde

d) Kausal verursachter Schaden→ Entstandener Schaden durch mangelnde Kontrolle des Zuständigen, daher (+)

RF: Schadensersatz→ Thomas kann Ersatz seiner Behandlungskosten nach § 280 BGB verlangen. Da Friedrich der Vorstand der „Eisbären Berlin e.V." ist, kann auch der Ersatz direkt vom Verein verlangt werden. Denn nach § 31 BGB gilt, dass die Pflichtverletzung auch direkt dem Verein zugeordnet werden, wenn kein Vorsatz oder grobe Fahrlässigkeit vorliegt.

2.2 Haftung – Teil 2

Prüfschema nach § 823 I BGB deliktische Haftung

a) Rechtsgutsverletzung → Körperverletzung an Arthur Abraham (+)

b) Verletzungshandlung → verkehrswidriges Fahren vom Kraftfahrer Klaus (+)

c) Kausalität → kein Zurechnungszusammenhang, keine direkte Beteiligung an Boxveranstaltung von Klaus (-)

RF: Kein Schadensersatz→Die Sauerland Event GmbH kann von Klaus keinen Ersatz des Schadens verlangen. Es sind nicht alle Voraussetzungen gegeben.

2.3 Haftung – Teil 3

Prüfschema nach § 823 I BGB

Es besteht keine Vertragsbeziehung zwischen den zwei Sportlern. Fußball ist eine Kontaktsportart und daher müsste Schmidt eine Fahrlässigkeit beziehungsweise eine Vorsätzlichkeit nachgewiesen werden. Gemäß § 823 I BGB ist derjenige, der fahrlässig oder vorsätzlich das Leben, Körper, die Gesundheit, die Freiheit, das Eigentum oder ein sonstiges Rechtsgut eines anderen verletzt, dem anderen zum Ersatz des daraus entstehenden Schadens verpflichtet. Die erste Voraussetzung ist gegeben, da Schmidt vorsätzlich eine Verletzung von Meier in Kauf nimmt.

Die Grätsche war nicht notwendig, Meier war nicht im Ballbesitz und Schmidt hat bewusst eine Verletzung der Gesundheit seines Gegenspielers in Kauf genommen. Auf Grund des regelwidrigen Verhaltens, welche vom Schiedsrichter mit der roten Karte geahndet wurde, ist eine Erstattung der Behandlungskosten möglich. Rote Karten werden vom Schiedsrichter nur bei gröberen Vergehen gezeigt. Daher müssen eine Auswertung des Spielberichts und eine Befragung des Schiedsrichters erfolgen. Zusätzlich können mehrere Zeugen oder Zuschauer herangezogen werden, da Aussage gegen Aussage besteht. Durch die Zeugenaussagen müsste herausgefunden werden, ob ein Verstoß gegen das Regelwerk und im Endeffekt eine Vorsätzlichkeit nachgewiesen werden kann.

3 Arbeitsrecht im Sport

3.1 Arbeitsrecht/Sozialverischerungsrecht – Fall I

Anhaltspunkte für eine Selbständigkeit sind keine Verhaltensvorgaben in der Zeit ohne Wettkämpfe, freie Entscheidung über die Teilnahme an Wettkämpfen und Art der Trainingsgestaltung (Wüterich & Breucker, 2006, S. 105). Der Vertrag zwischen Henry und dem Kraftsportverein besagt im § 2, dass der Sportler selbst über seine Teilnahme an Wettkämpfen entscheiden kann. Dadurch ist der erste Anhaltspunkt erfüllt. Hinzu kommt, dass er in Bezug auf Zeit, Dauer und Ort frei ist, was laut § 611a I S.3 BGB auf keinen Arbeitnehmer deutet und gleichzeitig den zweiten Punkt erfüllt.

Zuletzt ist keine Verhaltensvorgabe außerhalb der Wettkämpfe geregelt, wodurch auch das letzte Merkmal einer Selbständigkeit erfüllt ist. Daher ist Henry S. als Selbstständiger einzustufen.

3.2 Arbeitsrecht/Steuerrecht – Fall II

Die Spieler sind als Arbeitnehmer einzustufen, da sie durch die mündliche Vereinbarung einen privatrechtlichen Vertrag eingehen. Es wird kein zusätzlicher schriftlicher Vertrag benötigt. Zudem ergeben die Vergütung der ersten Mannschaft in Höhe von 50 bis 80 Euro pro Spiel, sowie die Rückerstattung der Fahrtkosten zum Training, Kosten für die Sportbekleidung inklusive deren Reinigung und die Aufwendungen für den Bus zusammen einen Gesamtbetrag über den erlaubten Aufwendungsersatz von 249,99 Euro (Wüterich & Breucker, Das Arbeitsrecht im Sport., 2012, S. 156). Laut § 8 der Spielordnung des DFB handelt es sich bei einem Spieler um einen Amateur, wenn er kein Entgelt erhält, sondern lediglich einen Aufwendungsersatz bis zu 249,99€ (Wüterich & Breucker, Das Arbeitsrecht im Sport., 2012, S. 154). Daher sind die Spieler als Arbeitnehmer einzustufen und nicht als Amateure.

3.3 Arbeitsrecht/Sozialversicherungsrecht – Fall III

Prüfung nach § 611a I S.1 BGB

Die Trainingshäufigkeit, das Trainingslager und ein vorhandener Strafenkatalog sind gegeben. Daher besteht gegenüber dem Handballverein „HandBall e.V." eine Weisungsgebundenheit. Der Trainer kann die Durchführung des Trainings selbst bestimmen. Allerdings herrscht eine fremdbestimmte Arbeitsleistung, da der Ort für Sondertrainings und sowohl die Zeit als auch der Ort der Trainings vorgegeben sind. Während seines Urlaubes und Krankheit hat er sein vorher vereinbartes Gehalt weiterhin erhalten. Auch dieser Hinweis deutet auf ein Arbeitnehmerverhältnis hin. .Auf Grund des kostenfreien Dienstwagens und die Gehaltszahlungen sowohl während des Urlaubes als auch an Krankheitstagen ist Tristan als Arbeitnehmer einzustufen. Der Verein ist zur Übernahme der Versicherungsbeiträge des Trainers verpflichtet.

4 Sponsoringvertrag

Sponsoringvertrag
Für den „-Lauf-Cup" 2018

zwischen

der „Maschinen Saarland GmbH", vertreten durch den Vorstandsvorsitzenden Eugen Wetzel, Aalstraße 69, 66346 Musterstadt

-nachfolgend „**Sponsor**" genannt-

und

dem „Lauftreff - Freunde Köllertal e.V.", vertreten durch die Vorstandsvorsitzende Laura Lurz, Musterstraße 58, 66346 Musterstadt

-nachfolgend „**Gesponserter**" genannt-

wird der folgende Sponsoringvertrag geschlossen:

Präambel

Der Gesponserte ist ein saarländischer Leichtathletikverein, der auf nationaler Ebene sehr erfolgreich ist und sich großer Beliebtheit erfreut. Der Bekanntheitsgrad auf internationaler Ebene soll erhöht werden.

Der Sponsor vertreibt hochmoderne und funktionelle Sportbekleidung und Ausrüstung im Saarland. Mit dem Sponsoring bezweckt der Sponsor vor allem einen positiven Imagetransfer und eine Steigerung des Bekanntheitsgrades auf nationaler Ebene.

Die Parteien möchten nachfolgend die Regelungen zum Sponsoring der Veranstaltung „Saar-LaufCup" 2018 treffen. Der „Saar-LaufCup" findet vom Mai 2019 bis zum August 2019, jeweils an einem Sonntag statt.

§ 1 Leistungen des Sponsors

A.   Sachleistungen:

Der Sponsor verpflichtet sich, den Gesponserten bis spätestens zum 30.04.2018 einmalig aus dem eigenen Sortiment folgende Produkte zur Verfügung zu stellen: Drei T-Shirts pro Helfer, zwei Laufshirts und zwei Paar Socken für die Teilnehmer, Gutscheine im Wert von fünfzig Euro für die besten drei Läufer pro Laufwochenende. Die genaue Anzahl der Helfer und der Teilnehmer teilt der Gesponserte dem Sponsor bis spätestens zum 25.04.2018 mit.

B.   Geldleistungen:

(1) Der Sponsor verpflichtet sich, zum Zweck der Durchführung der stattfinden Straßenlaufserie, einmalig einen Betrag in Höhe von 50.000 € an den Gesponserten zuzüglich der gesetzlichen Umsatzsteuer in der zum Zeitpunkt der Zahlung geltenden Höhe zu zahlen.

(2) Die Zahlung des Gesamtbetrags hat kostenfrei auf das Konto des Gesponserten zu erfolgen.

C.   Sonstige Leistungen:

(1) Der Sponsor verpflichtet sich, auf seine Kosten, eine Werbekampagne für alle vier geplanten Laufveranstaltungen durchzuführen. Die Werbekampagne umfasst regionale Plakatwerbung an gemeinsam festzulegenden Orten, halbseitige 4- farbige Anzeigenwerbung in regionalen Zeitungen sowie die Erstellung der Eintrittskarten.

(2) Die Gesamtkonzeption der Werbekampagne wird vom Sponsor erstellt, schriftlich festgehalten und dem Gesponserten bis spätestens zum 31.01.2018 vorgelegt.

§ 2 Leistung des Gesponserten

Der Gesponserte erbringt als Gegenleistung die nachfolgenden Leistungen:

(1) Der Gesponserte räumt dem Sponsor das Recht ein, das Zielband, 4 Banner-fahnen mit der Größe von 2 Meter x 1 Meter in der Veranstaltungsstätte und 4 Werbebanden mit der Größe von jeweils 2 Meter x 10 Meter (im Schwenkbereich der Fernsehkameras) der Veranstaltung mit dem Namen und Logo des Sponsors zu versehen

(2) Außerdem räumt der Gesponserte dem Sponsor das Recht ein, sich als "Offizieller Hauptsponsor" vom „Saar-LaufCup 2018", zu bezeichnen und diese Bezeichnung im Rahmen der Marktkommunikation, z.b. auf Geschäftspapieren, in Anzeigen, in Geschäftsberichten sowie in Kundenmitteilungen zu nutzen. Zur Nutzung des Vereins- bzw. Veranstaltungslogos und sonstiger offizieller Embleme ist der Sponsor ebenfalls berechtigt.

(3) Nennung des Sponsors als "Offizieller Hauptsponsor der Veranstaltung" bei der Eröffnung des Events und bei der Siegerehrung

§ 3 Branchenexklusivität

Der Gesponserte sichert dem Sponsor zu, keine weiteren Sponsoringvereinbarungen mit anderen Firmen aus der Branche, bzw. dem Produktsegment des Sponsors abzuschließen.

§ 4 Leistungsstörung

(1) Sollte aus Gründen, die der Gesponserte nicht zu vertreten hat, eine Leistung des Gesponserten gem. Ziff. 2 nicht oder nicht rechtzeitig erfüllt werden, so hat der Sponsor trotzdem seine Leistungen gem. Ziff. 1 vollständig zu erbringen.

(2) Sollte aus Gründen, die der Sponsor nicht zu vertreten hat, eine Leistung des Sponsors gem. Ziff. 1 A oder C nicht oder nicht rechtzeitig erfüllt werden, so hat der Gesponserte trotzdem seine Leistungen gem. Ziff. 2 vollständig zu erbringen. Leistet der Sponsor die gem. Ziff. 1 B vereinbarte Zahlung nicht fristgerecht, so ist der Gesponserte ohne weitere Fristsetzung berechtigt vom Vertrag zurückzutreten und Schadensersatz zu verlangen.

(3) Sollte eine der Parteien fahrlässig oder vorsätzlich, eine der unter Ziff. 1 bzw. Ziff. 2 vereinbarten Leistungen nicht oder nicht rechtzeitig erbringen, so hat die andere Partei das Recht ihre Gegenleistung solange zu verweigern, bis die vereinbarte Leistung erbracht ist oder die Leistung keinen Sinn mehr macht. Wird

die Leistung endgültig nicht erbracht, so hat die andere Partei das Recht vom Vertrag zurückzutreten und Schadensersatz zu verlangen. Bereits erhaltene Leistungen sind soweit möglich zurück zu gewähren.

(4)   Bei teilweiser Nicht- oder teilweiser Schlechtleistung, kann die andere Partei nur Schadensersatz für die nicht bzw. schlecht erbrachte Leistung verlangen und bleibt selbst zur Leistung verpflichtet. Dies gilt nur soweit durch die fehlende oder schlechte Leistung die Durchführbarkeit des Vertrages nicht gefährdet ist.

§ 5 Haftung

(1)   Der Gesponserte haftet nicht für Schäden, die aufgrund Höherer Gewalt zur Undurchführbarkeit einzelner oder aller Veranstaltungen führen. Bei Undurchführbarkeit aller Veranstaltungen sind bereits erbrachte Leistungen gegenseitig zurück zu gewähren. Bei teilweiser Undurchführbarkeit erfolgt die Rückgabe nach Ende der letzten Veranstaltung anteilig nach Abrechnung. Sonstige Ansprüche sind ausgeschlossen.

(2)   Die Parteien haften im Übrigen nur für Schäden aufgrund grob fahrlässigem oder vorsätzlichem Handeln.

(3)   Die Höhe der Haftung ist beschränkt auf den üblichen, vorhersehbaren Schaden, höchstens jedoch 20.000 €. Die Haftung für reine Vermögensschäden ist ausgeschlossen.

(4)   Diese Haftungsbeschränkungen gelten nicht für Schäden am Körper, Leben oder der Gesundheit.

(5)   Da der Gesponserte an der Durchführung und Organisation der Veranstaltung nicht beteiligt ist, übernimmt er auch hierfür keine Verantwortung. Die Haftung ist insoweit auch gegenüber Dritten, insbesondere gegenüber Besuchern und Teilnehmern der gesponserten Veranstaltung ausgeschlossen.

§ 6 Zahlung

Die Zahlung gemäß Ziff. 1 B (2) ist ohne weitere Rechnungsstellung zum Fälligkeitsdatum kostenfrei auf das bei der Sparkasse Saarbrücken, Bankleitzahl 59050101, für den Gesponserten geführte Konto des Gesponserten (IBAN: DE0260512230000012356) mit dem Betreff: „Sponsoring Lauf-Cup 2018" zu bezahlen. Für die Rechtzeitigkeit der Zahlung ist das Datum des Zahlungseingangs auf dem Konto des Gesponserten maßgeblich.

§ 7 Vertragsdauer, Kündigung

Der Sponsoringvertrag tritt mit Unterschrift beider Parteien in Kraft und endet mit dem Abschluss der Laufserie am 31.08.2018. Ein Recht auf fristlose Kündigung aus wichtigem Grund besteht insbesondere wenn:

(1) Der Sponsor in Bezug auf seine finanzielle Verpflichtung in Verzug gerät oder eine der Vertragsparteien, die im Vertrag festgelegten wesentlichen Leistungen, trotz Mahnung nicht erbringt.

(2) Die andere Partei gegen gesetzliche Vorschriften verstoßen hat, die für die Durchführung des Sponsoringvertrages von Bedeutung sind, z.B. Verstoß gegen Compliancerichtlinien.

§ 8 Schriftformklausel

Änderungen oder Ergänzungen des Sponsoringvertrages müssen schriftlich festgehalten werden. Die Parteien verpflichten sich, Änderungen in der Anschrift der anderen Partei unverzüglich schriftlich mitzuteilen

§ 9 Schiedsgericht

Streitigkeiten im Zusammenhang mit diesem Vertrag werden durch ein außergerichtliches Schiedsgerichtsverfahren entschieden. Das Schiedsgerichtsverfahren ist von der IHK Saarland durchzuführen.

§ 10 Salvatorische Klausel

Sollte eine Bestimmung dieser Vereinbarung ganz oder teilweise unwirksam sein oder ihre Rechtswirksamkeit später verlieren, so soll hierdurch die Gültigkeit der übrigen Bestimmungen nicht berührt werden. Anstelle der unwirksamen Bestimmung gelten die gesetzlichen Vorschriften.

§ 11 Inkrafttreten

Dieser Vertrag tritt mit Unterzeichnung in Kraft.

Saarland, den 01.12.2018

Unterschrift   Unterschrift

Sponsor   Gesponserter

5   Steuerliche Aspekte im Sport- und Vereinsrecht

5.1 Steuerliche Sphären

Nun erfolgt eine Einteilung in die verschiedenen Sphären und die Berechnung der Beträge

Ideelle Sphäre:

Mitgliederanzahl: 180

Echter Mitgliedsbeitrag: 18 €

→180 x 18 € = 3.240 € (Mitgliedsbeitrag pro Monat)

3.240 x 12 = 38.880 (Mitgliedsbeitrag pro Jahr)

Vermögensverwaltung

Einnahmen durch Grundstückverpachtung an Dritte: 3.500 €/Monat

3.500 € x 12 = 42.000 € (Jährliche Einnahme durch die Grundstückverpachtung)

Zweckbetrieb

Einnahmen aus sportlichen Veranstaltungen: 42.000 €

→Die Ideelle Sphäre, die Vermögensverwaltung und der Zweckbetrieb sind steuerfrei.

Wirtschaftlicher Geschäftsbetrieb

a) Einnahmen aus der Vereinskantine: 27.000 €, davon werden noch 19 % Umsatzsteuer abgezogen. Sowohl die Körperschaftssteuer als auch die Gewerbesteuer fallen hierbei weg, da der Freibetrag in Höhe von 35.000 € nicht überschritten wird.

27.000 € = 119 %

5.130 € =   19 %

→ 27.000 € - 4.310,92 € = 22.689, 08 €

b) Sponsoringeinnahmen		45.000 €
abzgl. Kostenpauschale (85 % von 45.000 Euro)	-	38.250 €
zu versteuerndes Einkommen		6.750 €
abzgl. Freibetrag		5.000 €
Zu versteuernde Gewinn		1.750 €

Gewerbesteuer (Hebesatz 400%)

(Gewinn x 3,5 % x 400 %) → 1.750 € x 3,5 % x 400 %   245 €

Körperschaftssteuer → 15% vom Gewinn   262,50 €

Jährlich ertragssteuerlichen Folgen: 4.310,92 € + (245+262,50) = 4.818, 42 €

5.2 Umsatzsteuer

Ideeller Bereich Geschäftsvorfall:

Zahlung eines Mitgliedsbeitrages per Banküberweisung.

Geschäftsvorfälle im ideellen Bereich sind umsatzsteuerbefreit.

Zweckbetrieb Geschäftsvorfall:

Bareinnahmen aus dem Verkauf von Eintrittskarten für ein Spiel von dem Verein XY.

Bis zu einer Einnahmenhöhe von 45.000 Euro p.a. sind Geschäftsvorfälle im Zweckbetrieb umsatzsteuerbefreit.

Vermögensverwaltung Geschäftsvorfall:

Monatliche Einnahmen aus Vermietung von Vereinsgaststätten in Höhe von 2.500 Euro auf das Bankkonto.

Umsatzsteuerbefreit sind Einnahmen, wenn weitere Leistungen von nicht untergeordneter Bedeutung erbracht werden oder wenn die reine Vermögensumschichtung nicht im Mittelpunkt ist (Jäck, 2012, S. 352).

Wirtschaftlicher Geschäftsbetrieb Geschäftsvorfall:

Einnahmen aus dem Getränkeverkauf und von Speisen in Höhe von 4.000 Euro bei einem Spiel für den Verein XY.

Ein Umsatzsteuersatz von 7% ist hierbei an das Finanzamt zu zahlen.

6 Literaturverzeichnis

Dehesselles, T., & Bragrock, C. (2012). Vereinsführung – Rechtliche und Steuerliche Grundlagen. In A. Galli, V. - C. Elter, R. Gömmel, W. Holzhäuser & W. Straub (Hrsg.) , *Sportmanagement. Finanzierung und Lizenzierung, Rechnungswesen, Recht und Steuern, Controlling, Personal und Organisation, Marketing und Medien* (2., völlig überarbeitete Aufl., S.38-52). München: Vahlen.

Grimm, A. (2014). *Experte zur Ausgliederung von RB Leipzig in GmbH: „Ziel ist weitere Professionalisierung".* Abgerufen am 05. 11 2018. Verfügbar unter http://www.lvz.de/Sportbuzzer/RB-Leipzig/News/Experte-zur-Ausgliederung-von-RB-Leipzig-in-GmbH-Ziel-ist-weitere-Professionalisierung.

Hennig, J. (2014). *RB Leipzig gliedert Profis aus.* (SZ-Online) Abgerufen am 26. 09 2018: Verfügbar unter https://www.sz-online.de/nachrichten/rb-leipzig-gliedert-profis-aus-2985832.html

Jäck, S. (2012). Ertragssteuern im Sport. In G. Nufer & A. Bühler (Hrsg.), *Management im Sport. Betriebswirtschaftliche Grundlagen und Anwendungen der modernen Sportökonomie* (Sportmanagement, Bd. 1,3., neu bearbeitete und erweiterte Aufl., S.342-375). Berlin: Erich Schmidt.

Kroemer, U. (2015). *Wolfgang Altmann neuer Funktionär RB Leipzig erweitert Aufsichtsrat .* Abgerufen am 26. 09 2018. Verfügbar unter https://www.mz-web.de/sport/fussball/rb-leipzig/wolfgang-altmann-neuer-funktionaer-rb-leipzig-erweitert-aufsichtsrat-1162456.

Red Bull. (2018). *Homepage.* Abgerufen am 24. 10 2018. Verfügbar unter https://www.wingfinder.com/de-DE/imprint.

Reichert, B. (2016). *Handbuch Vereins- und Verbandsrecht.* (Luchterhand Handbuch, 12., vollständig überarbeitete Aufl.) Köln [u.a.]: Luchterhand.

Scholz, F. (2018). *Verleihen sie ihrer Karriere Flügel.* Abgerufen am 23. 10 2018. Verfügbar unter https://www.dierotenbullen.com/de/klub/informationen/ueber-uns.html#/jobs.

Weiß, F. (2016). *Neues RB-Logo: Erkennen Sie einen Unterschied?* Abgerufen am 25. 10 2018. Verfügbar unter https://www.tz.de/sport/fussball/rb-leipzig-aendert-sein-logo-zr-3587416.html.

Wüterich, C., & Breucker, M. (2006). *Das Arbeitsrecht im Sport.* Stuttgart: Boorberg.

Wüterich, C., & Breucker, M. (2012). Das Arbeitsrecht im Sport. In J. Adolphsen, M.Nolte, M Lehner & M. Gerlinger (Hrsg.); *Sportrecht in der Praxis.*

(Rechtswissenschaften und Verwaltung. Handbücher, S. 145-195). Stuttgart: Kohlhammer.

BEI GRIN MACHT SICH IHR WISSEN BEZAHLT

- Wir veröffentlichen Ihre Hausarbeit,
  Bachelor- und Masterarbeit

- Ihr eigenes eBook und Buch -
  weltweit in allen wichtigen Shops

- Verdienen Sie an jedem Verkauf

Jetzt bei www.GRIN.com hochladen
und kostenlos publizieren